地獄中的
地獄的

"Le feu est clair, tout va bien."
「燈塔火光明亮，一切平安。」

Ar-Men

照亮布列塔尼死亡海域，阿曼燈塔的故事

作者———艾曼紐・勒帕吉 Emmanuel Lepage
譯————謝珮琪

謹以此書獻給Michel Plessix，
我人生道路上的旅伴與知己。
也獻給Claire Gendrot，
以及Manoue Vedeau。

E. L.

Cet ouvrage, publié dans le cadre du Programme d'aide à la Publication de l'Institut 《Hu Pinching》,
bénéficié du soutien du Bureau Français de Taipei. 本書獲法國在台協會《胡品清出版補助計畫》支持出版 。

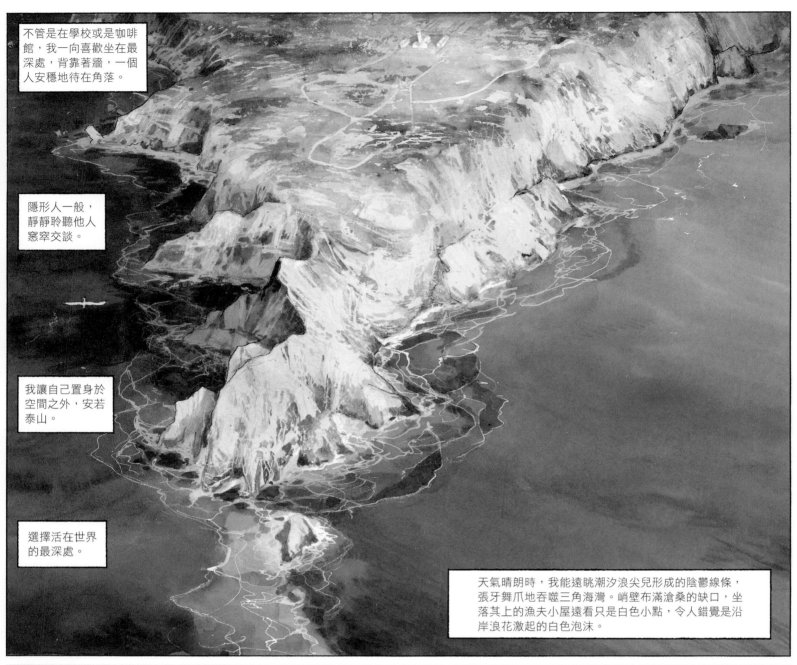

不管是在學校或是咖啡館，我一向喜歡坐在最深處，背靠著牆，一個人安穩地待在角落。

隱形人一般，靜靜聆聽他人竊竊交談。

我讓自己置身於空間之外，安若泰山。

選擇活在世界的最深處。

天氣晴朗時，我能遠眺潮汐浪尖兒形成的陰鬱線條，張牙舞爪地吞噬三角海灣。峭壁布滿滄桑的缺口，坐落其上的漁夫小屋遠看只是白色小點，令人錯覺是沿岸浪花激起的白色泡沫。

有時我能看到拉維葉爾（la vieille）燈塔。它似乎也萬事不縈於懷，悠然佇立於大海彼端。

要不然就是特維納克（Tevennec），那座沒人願意駐守的鬧鬼燈塔。

那是唯一矗立於大海之中的燈塔屋，已經好幾十年都杳無人煙，傳說因而不脛而走。

更往西邊一點，細細長長的桑島（Ils de sein）經年累月頑強抵抗著從不和顏悅色的大海，如今有滅頂的憂慮。

接著，一串岩石躍入我的眼簾：桑島暗礁。

如果沒有歷練豐富的領航員協助，能順利通過這串暗礁的航海家無疑是三生有幸才能虎口逃生。

數個世紀以來，撞上這串致命暗礁而粉身碎骨的船隻不計其數。是個船舶墳場。

布列塔尼傳說中的幽靈船Bag Noz的聖地，死神的僕人「暗骷」（Ankou）掌管的絕域。

冰冷暗礁的盡頭，萬頃波濤中聳立著高29公尺的柱狀建築——阿曼（Ar-men）燈塔。布列塔尼語的「岩石」之意。

我於斯安棲一隅，坐擁無垠大海。遠離塵囂紛擾，置俗務於度外，享受全然自由。

它是整個布列塔尼半島離岸最遠，也最難進出的燈塔，亦是世界之最。

因此人們稱它為：
「地獄中的地獄」。

萬物於斯歸其所。
我亦守分安命。

今早換班！有新鮮麵包吃。

皮耶希克已經守了20天燈塔，該由路易來替換了。

10天跟這個，另外10天跟那個……

還有十幾天，我就可以離開燈塔到桑島。如果天氣許可的話。

有時候我真希望被遺忘在這裡。我會在角落縮成一團，悶聲不響。

路易上來燈塔的時候，我們沒什麼打招呼。

向燈塔小艇簡短道別後，路易縮著肩膀，以進入礦坑之姿進了燈塔。

燈塔牆壁不論寒暑，都散發著冰冷潮濕的氣息，路易雖已擔任燈塔看守員長達17年，卻好像每次都很驚訝。

「難以忍受的粗糙床單，四處充斥著石油難聞的氣味，還有鎮日無歇的浪濤聲⋯⋯」

他會這樣抱怨。

我很了解路易。

路易整理安頓的時候，我會爬上燈塔平臺，藏在刺骨寒風侵襲不到的地方，在11月細長薄弱的陽光中安然入定。

靜候程序結束。

路易會把兩枚結婚戒指珍而重之地放進行李箱。不然的話，讓燈塔透鏡旋轉的水銀缸會很快將戒指漂白。

再把靴子收到床下，排得整整齊齊。即使他知道，只要一陣稍大的浪襲來，鞋子還是會東倒西歪。他只是出於習慣。

最後，把夜壺跟舊報紙拿到房間⋯⋯

任何一個燈塔看守員都不想在寒冬臘月時，使用建在燈塔腳下的室外廁所。

路易準備就緒。他將鴨舌帽戴緊，拉好身上的藍色帆布外套。

一邊抽著Gauloise香菸，一邊瞇起眼睛從燈塔平臺往上看，然後向我大喊：

開飯了！

新的生活週期於焉開始。

10

別妄想路易能帶來什麼驚喜。中餐永遠是牛排佐薯條。

第一天就別傷腦筋了！

戴高樂將軍發表演說，提出將共和國總統選舉制改為全民直接選舉，然後解散了國民大會……

……由龐畢度先生為首的選舉名單，獲得總統選舉多數票，囊括了43.80%的選票。而摩勒先生領導的國會左派政黨，

則拿到36.76%……

CLiC
喀啦

路易是戰爭英雄。1940年6月，他響應了戴高樂將軍的呼籲，與128位桑島的漁民一同前往倫敦加入抗戰行列。其中32位從此無緣重返故里。

路易也不算是回家了。

大戰過後，他寧願生活在天與地之間。

從漁夫變成了燈塔看守員。

這裡是阿曼燈塔,晚安,米荷兒,大家晚安!這裡西南風1級,小浪,輕霧,氣壓760。完畢。

謝謝你,傑曼。桑島燈塔呢?

桑島燈塔,米荷兒,你好!各位朋友晚安!這裡西南風1級,無浪,強風1級,輕霧,氣壓759。完畢。

謝謝你,尚赫內!

拉維葉爾燈塔。

黑石(Pierres Noires)、拉富赫(La Four)、聖母島(Île Vierge)、克雷阿(créac'h)、克黑翁(kéréon)。我們都是依魯瓦茲海的守護者。

我們互相熟稔,雖然有的從未碰過面,僅認識彼此的聲音。

尚赫內,有強迫症的討海人;顧樂凡,拉維葉爾燈塔上的蔬菜燉肉湯高手;朱利安是個書蟲;而尚馬克則是個悶葫蘆,尤其在尚馬西去年被一陣大浪捲走之後……

燈塔猶如靜止的戰艦,我們在這裡鎮日戒備並保護附近海域的往來船隻。

11月了，連白天也沒什麼陽光。

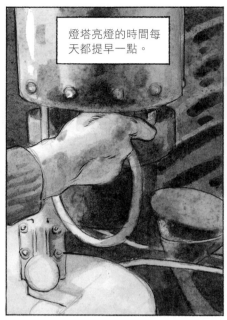

燈塔亮燈的時間每天都提早一點。

我多麼希望我的思緒也能像燈塔的生活一樣，日復一日，謹慎周到又井井有條……

猶如進行宗教儀式。

煤氣燈點燃之後，整個世界彷彿縮小到只剩下光暈的範圍，我也進入了我的內心世界。

我心曠神怡，

只要不去遙想起某些往事……

阿曼燈塔，每20秒閃3次白光。

一，

二……

三。

漫長休止符。

再一，

二……

三。

別思考。

忘了軀體，腦袋放空。

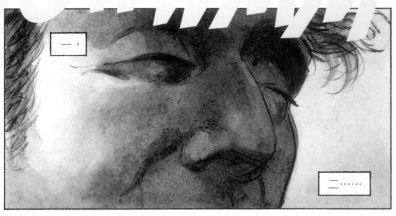

一，

二……

你看。

你看到它雄偉壯觀的輪廓了嗎？瑩白的伊蘇島於飄渺海霧之中傲然屹立，彷彿由雪白泡沫雕琢而成。

時間靜止了。打鐵匠、商人、漁夫的動作都凝結於時空中，仍然等候著人們到來……

現在，閉上眼睛，我們回到從前……

聽到刀槍劍戟互相攻擊的聲音嗎？還有箭羽劃過天空的呼嘯……咻……

這是嘉德隆，阿爾莫里卡的國王。

他揮軍遠征朗德與峽灣地區。

聖靈之名……滋！

以天父之名……滋！

及天子之名……滋！

嘉德隆勇敢強大無所畏懼，自信過人。

唯一、真正的天主，與他同一陣營。

而他的對手是個女人，女王瑪樂梵。

她統治北方王國。

那裡的人都說她是仙女。

是真的嗎？

我不知道，但是她有種能讓嘉德隆墜落的力量。

墜入情網！

她很美嗎？

跟妳一樣，她有蜂蜜色澤的秀髮，淨白如蠟的肌膚，以及似乎能穿透靈魂的眼神。

這是很漂亮的意思嗎？

她很有自信，這是最重要的。

他不再是傲慢自負的征服者，而是回歸為一個單純的男人，學習從不同角度思考事物。可以說瑪樂梵讓他成熟了。

嘉德隆為了接近她，便解散軍隊、卸下武裝，拋開國王的身分。他向瑪樂梵展開雙臂、敞開心靈。

那為什麼要說「墜入」情網？你不是說愛情讓他長大了嗎？為什麼不說是「爬上」情網？

瑪樂梵首先不為所動，後來又舉棋不定……最後終於也卸下心防，接納了嘉德隆。

以及相愛。

即使兩人原本各自分屬的世界試圖要拆散他們，他們仍然學著互相傾聽，互相信賴。

他們愛得渾然忘我，彷彿光陰與歷史都靜止了。

不過，兩人仍不敵時間追緝，瑪樂梵產下一女後，即被死神攫走性命。

與世無爭的歲月留下了一個孩子：妲玉。

寶貝獨生女，愛情的結晶。

妲玉是那段幸福美滿時光的紀念,她成為嘉德隆的一切。嘉德隆再次充滿活力,這勇敢強大的阿爾莫里卡國王、新信仰的先驅,在女兒面前完全融化了,深深為她著迷。

她也是仙女嗎?

嘉德隆為妲玉在海上建了一座城,離這裡很近,就在杜阿爾納海灣裡。

伊蘇島城邦。

這座城是妲玉的寫照,也是她母親的刻畫,北方王國的形象:自由而銷魂。

在伊蘇城裡,人人日夜笙歌,頌讚生命與美貌,享受自然與肉體的歡愉。

爸爸，繼續説！

伊蘇城完全不向宗教人士卑躬屈膝，這些人穿著黑衣，神色肅穆，信仰著死後的世界才更美好。

國王的懺悔神父葛諾雷當然視伊蘇城為眼中釘。

嘉德隆是阿爾莫里卡的基督教國王，怎可以身兼伊蘇城主？他必須表明自己的立場！

沒有教堂的伊蘇城，在葛諾雷眼裡無疑是個荒淫無度之城，是阿爾莫里卡的索多瑪。

嘉德隆心痛欲裂。

他猶豫不決，束手無策，不願抉擇。

葛諾雷認為妲玉被魔鬼掌控了，而嘉德隆卻視而不見。

為了避免整個阿爾莫里卡地區墮落成傷風敗俗之地，

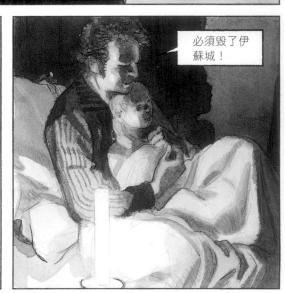

必須毀了伊蘇城！

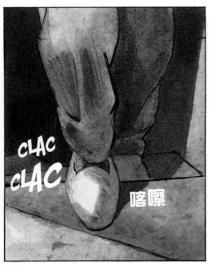

CLAC
CLAC
喀嚓

噓！

是路易！時間到了。

該睡覺了。

再等一下下。

明天吧。

晚安,我的人魚公主。

晚安,爸爸!

燈塔火光明亮,一切平安。

看守燈塔照表操課，
生活很規律。

我對每個程序都全神貫注，而且
每天都會找事情做，才不會讓空
虛感趁虛而入。

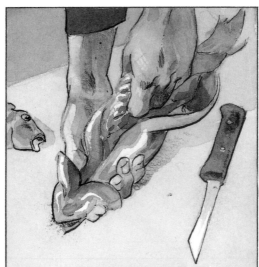

細心為木製家具
上漆，將銅器打
磨得發亮。

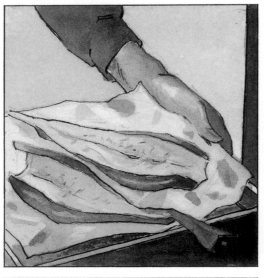

拆解發動機，
再一一組裝。

我喜歡螺栓上油
潤滑之後，閃耀
著淡藍色光芒。

我機械式地有
條不紊……

無意識地忙。

丘鷸、斑鳩、鳳頭麥雞，牠們都在飛往充滿希望的土地。

自由翱翔。

而我，關在燈塔之中，被回憶所禁錮。

一個浪頭打來，有時每平方公尺的重力加速度可達60公噸。

每次暴風雨前夕，我們總是擔心燈塔是否抵擋得住。

燈塔有時會被巨浪整個吞沒。所以在燈塔平臺上撿到帽貝也是常有的事。

爸爸，繼續說故事……

讓我睡一下。

爸爸，拜託！

燈塔火光明亮，一切平安。

燈塔顫抖、吱嘎作響，搖晃著。

值班室裡，燈塔的照明燈在水銀缸裡旋轉，缸裡的水銀也不停地像小石頭一樣四處飛濺。

暴風雨夜，我總是無比暈眩。彷彿在靜止的船艦上暈船！

我需要迎戰大海，站在船頭迎風平臺上尋找看不見的地平線。

28

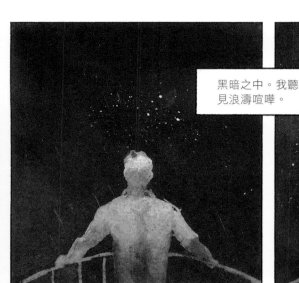

黑暗之中。我聽見浪濤喧嘩。

海浪衝擊著峭壁。

爸爸！

還好嗎？

繼續說！

伊蘇城建造得相當牢固，也自認其高牆能使城民高枕無憂。

唯一的出入口，是城牆上的一道銅門。

而銅門的鑰匙，則掛在嘉德隆的頸項上。

這把小鑰匙是全城命運之所繫。

有一天，一個身穿紅衣的男子來到伊蘇城。

傳說他非常英俊，

妲玉立即墜入了情網。

熱情地，

瘋狂地。

共度一夜春宵之後，男子向妲玉索取那把鑰匙。

而妲玉照做了。

是誰説的？

城裡的教徒説的。

亂講！妲玉為什麼要給他鑰匙？

因為愛。

這才不是妲玉會做的事！她又不是傻子！

愛情使人盲目……

不可能！妲玉很強勢，她來自北方，來自另一個世界！

我不相信故事是這樣！

那你怎麼看呢？

當然是葛諾雷幹的好事！

那個虔誠的大聖人？你確定？

爸爸，別再説了啦。

海水從四面八方湧入，
全城居民從夢中驚醒。

葛諾雷爭先
逃跑了。

看吧！

嘉德隆騎著北方駿馬墨法
克，將妲玉拉上馬背。

牠疾馳如電，馬蹄幾
乎連水花都沒沾到。

但驚濤駭浪迅速
追上他們，準備
吞噬一切。

葛諾雷堅持要嘉德隆把妲玉推下馬背，説那樣他才有機會活命。

卑鄙小人！

嘉德隆做不到，也不願意。

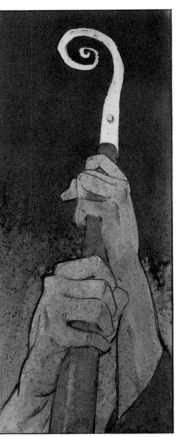

於是葛諾雷權杖一揮……

妲玉立即被浪濤捲噬……

啊！KRRAAAC

路易，你的手受傷了？

別管了，打開通風裝置，去確認一下燈塔的光。

天侯惡劣的黎明。

路易，現在讓我看一下你的傷勢……

你先看一下這個，

等等又要漲潮了。

這下好了，以後不能聽新聞了。我們與世隔絕了。

我覺得你好像滿開心的。

你的手臂……

大風大浪我見多了。

這座垂直的房子
成了圍城。

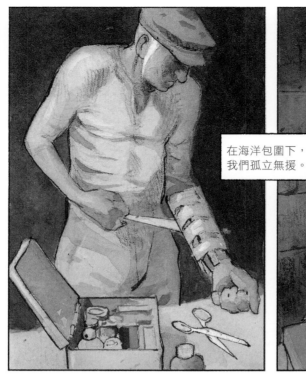

在海洋包圍下，
我們孤立無援。

但我們抬頭挺
胸，面對接連
的難關。

我們是燈塔之火
的守護者。

我們盡忠職守，不管發生
什麼事，夜夜都會點亮燈
塔，日月無休。

海浪沖開了石
油槽的開關，

階梯變得黏膩
不堪。

海水也淹沒了煤炭窖。

沒關係，反正乜很
久不用煤炭了。

樓梯的牆面被海
水沖刷剝落了。

這幾天又有新的雜
活兒要忙了。

1703年，皇家驅逐艦撞上桑島暗礁，140人滅頂。

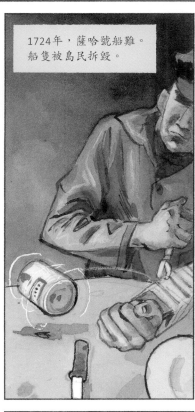

1724年，薩哈號船難。船隻被島民拆毀。

1726年，帕克號遇難，死亡人數不詳。

1740年，愉快家庭號船身破裂。

1754年，斯卡布羅郡布利塔尼亞號船難，所有船員溺斃。

1802年，編號84砲艇遇難，80名船員全數身亡。

1805年，英國船隻輕騎兵號船難，船員占據桑島並微調小艇。

1817年，瑪莉號遇難，僅一人生還。

36

1824年，好媽媽號遇難，船員全數獲救。

1835年，英國雙桅船美麗號遇難，船員由島民救起。

1850年不知名船隻遇難。

傑曼！開飯囉！

忙什麼？不吃飯啊？飯菜都涼了！

你在幹麼？現在是搞這個的時候嗎？

你看……

這是什麼東西？

寶藏啊！以後晚上有故事可以讀了。

我是摩西，我已經被關在
阿曼燈塔上40天了。

暴風雨持續不歇，我獨自一
人耐心等待。我數著日子，
像我數著船難數目一樣。

我叫摩西，因為我也是
從海上被拯救的人。

1850年，桑島上暴風雨肆虐，翌日，
有艘船在桑島暗礁上撞得支離破碎。
愛蓮在船隻殘骸當中發現了我。

我是來自大海的
幸運兒。

愛蓮將我視如己
出，撫養成人。

你滿口謊話！

沒有人會相信你的鬼話！

1949年，島上首次霍亂流行，奪去了愛蓮丈夫的性命。有人說她的腦袋從此不太正常。

你媽媽跟潘波島的人睡覺！

肚子被搞大了，才會生下你！

才不是！我是領主、國王的孩子！我來自海上！

你媽是個賤貨！

而你是個雜種！

桑島的寡婦們有兩種心境：一種想追隨丈夫送終的墓穴，另一種則期待將來與亡夫在天堂聚首。桑島寬懷接納寡婦，卻容不下來自大海的幸運兒！

別怪他們。

他們的眼界只有海平面那麼高，無法想像海平面之後的廣大世界。

你來自他方。你帶來夢想的同時也帶來了恐懼。

總有一天，你會照亮道路。

1850年，島上的人口只有將近500。

因為島上缺乏師資，遂由教堂神父瑪爾丹兼任教職。

不過，我的學業由愛蓮一手負責。將我交給教堂去教育？想都別想！我可是大海的孩子啊！

她向我敘述世界另一端，遙遠國土的故事，我深深著迷。

她說，在遠古時代，早在傳教士強迫推銷一神教信仰之前，桑島是孕育魔法師梅林的搖籃、行醫聖女薇麗達的家鄉，也是德魯伊祭司的庇護聖地。

薇麗達是我的知己。而梅林是我冒險的好夥伴。

伊蘇島，則是我消失的王國。

有時候，在暴風雨的夜晚，我跟
母親都會看見幽靈船Bag Noz從暗
礁上飄過。

死神使者「暗
骷」是船長。

每年第一位溺斃的天
主教徒會擔任暗骷。

有時候是我們認
識的人。

我能看見死者的靈魂飄盪在細長的桑
島上，在沙堆間跳舞。祂們有時候會
拉著我一起跳法朗多舞。我是祂們的
一分子，因為我也來自他方。

我很想出遠洋。

登上曾見證我誕生的艦艇，那是我剛出生時待過幾星期的地方。

我總是興味盎然地觀看麵包船儀式，船隻造型的麵包是捕魚季節開始時，全船夥伴承諾攜手同心的象徵。

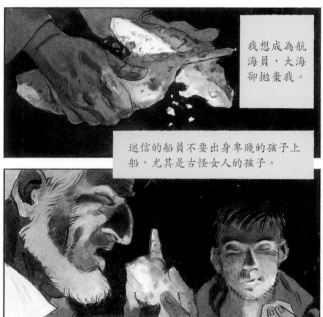

我想成為航海員，大海卻拋棄我。

送信的船員不要出身卑賤的孩子上船，尤其是古怪女人的孩子。

伏求聖靈，俯允降臨，眷顧我等靈魂，充滿聖寵神恩。

我的一頭紅髮對某些人來說，代表惡魔的小孩。

我視大海為一片廣大的禁錮草原，拍著紅色翅膀的蝴蝶四處飛舞……而我只是隻醜小鴨，無立足之地。

我只能幫島上的婦女在礫石間開出的狹窄土地上耕種。

揮汗如雨，賺取幾粒大麥。

在這島上，男人航海，女人耕地。

洛吉維地區的漁夫，也就是潘波島民，夏天會來桑島海域捕龍蝦。

願逝者喜悅。

願靈魂得永生。

1850年開始，漁夫的妻子兒女在天氣晴朗時也會來到島上。我終於有了玩伴。只不過，夏天彈指即逝。

第一場暴風雨來臨前，他們就會回到北邊的家園，而我再次形單影隻，獨自玩耍。

這塊陡壁懸崖如同牢籠。

1859年9月23、24號，奧布省一艘長達72公尺
的護衛艦薩內號，從土倫往北航行至雪堡。

不幸撞上了暗礁。

幸虧島民前來搶救，
船員都平安無事。

這次是皇家海軍艦隊遇難。

再來一次就忍
無可忍了，

上層終於決定要照亮暗礁，
也照亮了我的人生道路。

我是阿曼燈塔的傑曼，咳咳……晚安。米荷兒，西風9至10級……咳咳……海面洶湧，西北有巨浪，天空多雲，能見度低，時有颮線……氣壓723……

其他人都不在……

你很蒼白。讓我看一下你的繃帶。

烤過還是硬得跟石頭一樣。

你能想像嗎？這個人在燈塔上至少待了60天，我已經刮出來的部分好像只是這份記述的前奏而已。

BRROOOOM 叭～

其他的看守人看過這份記述嗎？從沒聽人提起，莫非不想洩漏天機？

你覺得呢？路易？

路易！

試著睡一下，好好休息，你發燒得很厲害！

我已經通報你的狀況，可是暴風雨太……

燈……

燈塔很亮。別擔心，一切平安。

到處都在震動。每次風浪強烈撞擊後，我都得伸長耳朵、屏氣凝神。

我想把自己縮成一團，閉上眼睛什麼也不想。

還好嗎？爸爸？

沒事，放心吧！寶貝。

我會守著。

可以唸給我聽嗎？

為尋找最適合建造燈塔的地點，暗礁上的探勘測量工作持續了六年之久。

46

最後由最西邊的阿曼島雀屏中選。

肩負興建燈塔與航標大任的人是雷翁斯·賀諾（Léonce Rey-naud）先生，他已經在法國沿岸建了超過130座燈塔，也完全體認這個計畫將會是他職涯中最大的挑戰。

1866年，漁業航會理事尚－諾葉·提默（Jean-Noël Thymeur）成為第一位踏上阿曼島並在島上丈量的人。

只有島上漁夫才知道如何登陸這塊巨石。

一定得說服他們，才能確保燈塔順利興建。

1866年，桑島被海嘯淹沒了整整三天。

我們都在屋頂上避難。好不容易冒出點頭的作物，一年當中被踐踏殆盡兩次。這裡是徹底的悲慘世界，只能祈禱新的船難能帶來一點零碎物資填飽我們的肚皮。

來自大海的禮物能稍微減輕我們的苦難，否則桑島只能聽天由命。

如果暗礁被照亮了，我們還剩下什麼呢？

我們是否該從桑島撤退？遵循17世紀艾吉永公爵（Duc d'Aiguillon）的建議？

30年前，興建桑島燈塔時，島民已經群情激憤……現在還要在暗礁上蓋燈塔。

47

沒有其他人能完成這項壯舉，請助我們一臂之力！

這是異想天開！

巴黎那邊的官僚只會紙上談兵，連在海藻上怎麼走路都不知道，只會摔個四腳朝天。

我們可是對大海的陰險瞭若指掌。

我們不加入！

少了船難，我們要靠什麼維生？這裡可是悲慘世界啊，您也很清楚！

你們的辛勞會有報償的！

上帝創造了凶險的暗礁，我們不能違背祂的旨意。

請想想看，如果有個燈塔能幫助船隻靠岸登陸。

我們的世界會因而改變，因為將會有數以千計的船艦在海上奮勇直前，而且越來越多，實力越來越雄厚。

設想，我們桑島將不再是岩石上的彈丸之地，也不是被國家遺忘的角落，而是領航的先鋒！

桑島！這個名字將會迴盪在所有港口及所有船艦上，因為它將成為勇者之島的同義詞！

桑島！像好心的撒馬利亞人為迷途的孩子照亮道路，指點迷津……

這個男人讓我大受震撼。那天晚上，他孤軍一人勇敢挑戰清一色反對的會議群眾。我認為他這番話是針對我而說的。

我支持您！

48

紅髮仔會讓你們這瘋狂的行為更不幸！

不會的！

孩子，你叫什麼名字？

摩西，先生。

摩西，你將為我們撥開大海！

在今天的會議裡，我看到許多和摩西一樣不畏懼艱難的人。

紅髮仔能做，我也做！

興建燈塔是桑島討海人的責任！

燈塔是我們的，沒有任何人能跟我們搶！

為了感謝你們的鼎力相助，我們會建築堤防做為交換，桑島將免於受海水倒灌之苦。

從那天開始，我屬於燈塔。

從波濤中冉冉出現了，我的新伊蘇城。

新伊蘇城？

1867年

在耶穌升天節這天的早晨，建築團隊首次出發前往阿曼島。領路的汽船阿爾莫里卞號在暗礁之間驚險迂迴地航行。

裴利先生想親眼看看阿曼島，親自體會、丈量這塊礁石，他想親自踏上它。

我很想陪他一起去。

汽船接近阿曼島時，垂下小艇，施工負責人拉克瓦與親愛的工程師先生都上了小艇。驚濤巨浪以排山倒海之姿撲向岩石。

洶湧駭浪將岩石侵蝕得宛如黑黝黝的齲齒。

這兩位被這項瘋狂計畫鼓舞的男人，緊抓著手中的本子，筆隨眼走，連紙都不用看，激昂地畫著阿曼島。他們眼裡除了這塊從萬丈深海冒出的頑石：一隻深海怪獸，其他都不存在了。

在工程師勘查期間，我們也沒閒著，不斷演練著有朝一日踏上阿曼島之後要進行的各種步驟。

在岩石上垂直打下鑽孔桿，每次敲打需間隔20秒，並把鑽孔桿向右轉1/4圈。

將來上島之後，必須要鑽15個洞，每個洞30公分。

每個洞裡都要封入堅固棒焊，供船舶停錨繫纜繩之用。在桑島，這些步驟就得花上我們整天的時間。

在阿曼島，至少要花上4個月，甚至到9個月！

1867年5月16日，在阿曼島停留的時間：15分鐘。

沒錯，工程師裘利先生率先登上阿曼島，而且他只穿著帆布草編鞋！工程負責人拉克瓦先生尾隨其後。

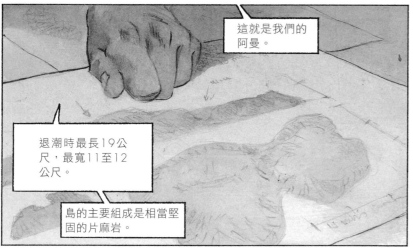

這就是我們的阿曼。

退潮時最長19公尺，最寬11至12公尺。

島的主要組成是相當堅固的片麻岩。

岩石風化變得脆弱的部分必須整平。

我們會在西邊建造燈塔。

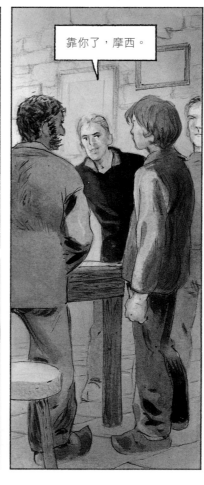

靠你了，摩西。

除了我母親之外，生平第一次有人信賴我。

只有累積了三十個世紀海事經驗的領航員，才有可能躲過埋伏在浪花之間的暗礁。

謝謝你，摩西。

八點。平潮的大海相當平靜。

查看軟木塞安全浮帶。

大家當心！

拉克瓦先生指示我們挖洞的精確位置。

我們的鑽孔桿順利滑入潮濕的岩石之中，只迸發出零星幾許四散的碎片。

我們使盡吃奶力氣敲打。

那天早上，峽角泥瓦工加入我們的行列。

他們夷平了阿曼島西半部，也是燈塔預計佇立之地。

粗糙不平又聚滿帽貝跟海帶……在處理岩石之前還得先清除這一大片黏稠的糊狀物。

鑽孔桿終於深深插入頁岩。

32公分。

很好，摩西，再做一個。

快，上船！

54

翌日，登島無望。

又隔一天，也沒辦法。

裴利先生的失望之情完全寫在臉上。

我們只好轉頭蓋堤防，能使桑島免於淹水之苦。

船槳無聲地划進滿布浮
游生物的汪洋大海中。

我徜徉於遼闊銀河，仰視浩瀚
蒼穹猶如大教堂的拱頂。

甜蜜微風輕撫著我
的臉龐。

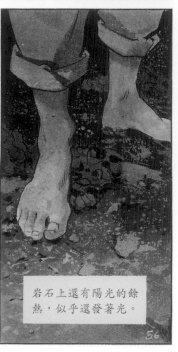

岩石上還有陽光的餘
熱，似乎還發著光。

56

我全身都能感受到浪濤拍岸的震動。

我將雙腳蜷縮在溫暖的海帶中。

我希望時間就此停頓,平潮持續到天長地久。

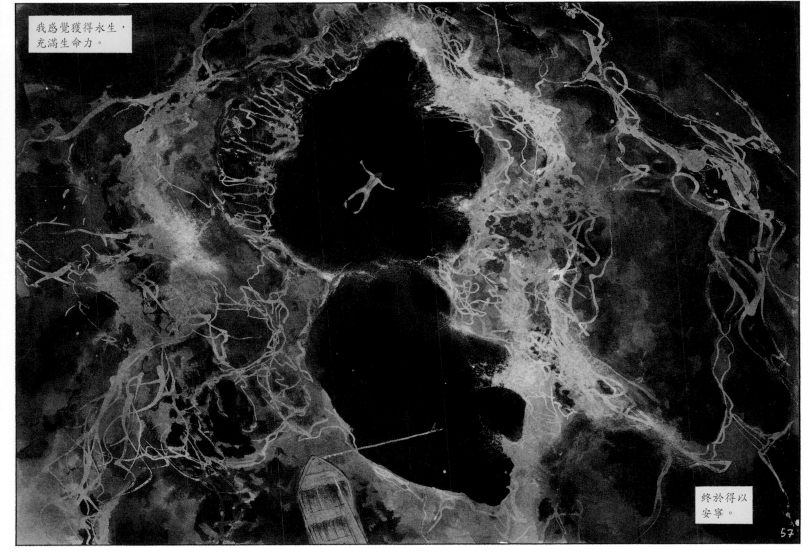

我感覺獲得永生,充滿生命力。

終於得以安寧。

57

1867年的工程總結：登陸9
次，15個洞，8小時的工程。

徒勞無功的行
動：13次。

耗在海上與暗礁
岩石上的時間：
100小時。

支出：
8000法郎。

好吃的罐頭魚湯來囉！

我把你昨天剩下沒吃的麵包丁放進去了……

Le six avril 1868
d'Armorique accost
sur la cale d
ntouré des mas
n, M

裘利先生被峽角泥瓦工簇擁著，身著剪裁合身的新套裝，看起來自信滿滿，與他的姓名相得益彰*。

第二期工程開始了。我生平第一次覺得冬天如此漫長。

註：法語中，裘利（Joly）與漂亮（Joli）同音。

動植物又重新盤據了岩石。

必須重新清理，拔除海藻、昆布、貝類，疏通被塞住的洞。

我全心全意埋頭工作。

籠罩在裘利先生仁慈溫暖的目光中。

我感覺自己真實地存在。

我去年冬天為您雕刻了這個……

用漂流木刻的。

我們的燈塔將由堅石建造，不會屈服於大海的猛烈攻擊！

第二年的工程結束了，登陸的時間比去年多了一倍，總計18個小時。

繫纜環已經安置好。泥瓦工能開工了。

CLAC
CLAC
CLAC
喀喀喀

60

路易，你最好待在床上。

別擔心！

路易……

繼續說。

1869年5月20日

我沒認出裴利先生。他似乎不再是夢想團隊的一員，退出了我們的阿曼計畫。

西贊峽角的泥瓦工們來幫助我們堆砌用帕克水泥做的方石塊，是一種加入海水攪拌的混凝土。

快上小艇！拿著工具！

我們完全辦不到……。

海水會讓帕克水泥分解。因此燈塔的地基將無法抵擋暴風雨。稍微猛烈一點的驚濤巨浪足以破壞燈塔。

燈塔會垮下來！如果不能確保燈塔堅若磐石，你們也不可能找得到掌管燈塔燈火的人！

拉克瓦，請跟我的接班人商量吧。

我要走了。

裘利先生，您不能走。

我受夠了，阿曼讓我筋疲力盡。你們需要一個矢志不渝的人，而我已經沒有雄心壯志了。

原諒我，
摩西。

我會好好保存
你送的木雕。

1871年，燈塔終於冒出海面。

我們使用波特蘭水泥取代了帕克水泥，更禁得起海水的考驗。

1873年，驚心動魄的一年。

第二任工程師卡恩先生，也跟裘利先生一樣為工程所遭遇的困難沮喪不已，因而請調去負責另一個燈塔。我們換了第三個工程師，曼金先生。

光3月就發生了4次船難。

完全沒有進展。只登陸阿曼島6次，總工程時數9小時。

被遺棄的燈塔工地孤懸海中，像荒野中孤零零又光禿禿的樹。

1875年，特維內克燈塔亮燈了。它只花了四年的工程。

11月13日，洛西莎仕女號在亡者灣撞得粉碎。

現在，從桑島能遠遠眺望未完工的燈塔，像是矗立在海中的史前巨柱。

64

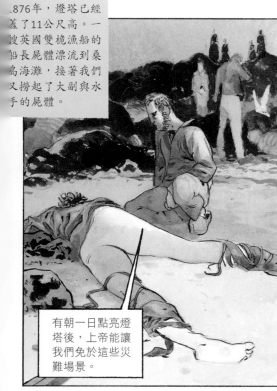

1876年，燈塔已經蓋了11公尺高。一艘英國雙桅漁船的船長屍體漂流到桑島海灘，接著我們又撈起了大副與水手的屍體。

有朝一日點亮燈塔後，上帝能讓我們免於這些災難場景。

不幸喪生大海的人啊！

現在，燈塔的高度已經高於漲潮時的海面，我們停留在阿曼島上的時間也多了好幾倍。1873年9小時，1874年到60小時，1875年是110小時，而1877年有216個小時！

1879年，拉維葉燈塔也動工了。

1880年，柯爾文號汽船在桑島東側碰撞船底。

所有船員不幸溺斃，除了兩名水手與船長。

1881年6月24日，開始進行登塔內部裝修。

我們從這天開始能睡在工地，桑島居民會為我們補給糧食。

我們終於熬出頭了！

1881年8月30與31日晚上，燈塔點燈了。

總共花了15年的時間，登陸295次，1421個小時的工程……以及一位犧牲者。

專注力減弱。

我們哀悼第一位也是唯一一位溺斃的工作人員。他沒有繫好軟木塞安全浮帶……因而落海窒息。

我成為夢想的守護者。

大海一踩腳，燈塔就顫抖並嘎吱作響。

萬一燈塔的設計有問題？或是裘利先生搞錯了什麼？

我們擔心會發生像波士頓灣米諾燈塔那樣的事故*。

還有帕克水泥。

鞏固燈塔的工程已經完成……能支撐10年。

1885年，第二次霍亂流行。

母親也去與她的亡夫聚首了。

我無親無故，孑然一身。

不再穿戴白色頭飾與鮮豔的圍裙。守喪期間，只有朱比林黑色頭飾到處可見。

我失去了回到桑島的理由，我將燈塔當成我的王國。

我的鬼魂朋友和我一起：暗骷和船員、薇麗達跟梅林、嘉德隆與妲玉。他們讓我寂寞無依的夜晚更形豐富。

我在我的地盤。

在天空與大海之間。

68

註：米諾燈塔（Minots Ledge Light）位於美國麻薩諸塞州波士頓港東南方，啟用幾個月後就被暴風雨摧毀。原址後來又蓋了第二座燈塔。

1893年，持續65天，沒有換班。

我獨自一人……另一個燈塔看守人無法登陸。

我隨著燈塔一起顫抖、呼吸，岩石的溫熱從我的腳底往上蔓延。

這天晚上，母親把我抱在懷裡。她說，妲玉被聖人葛諾雷推下海之後，

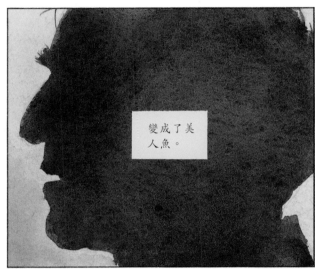

變成了美人魚。

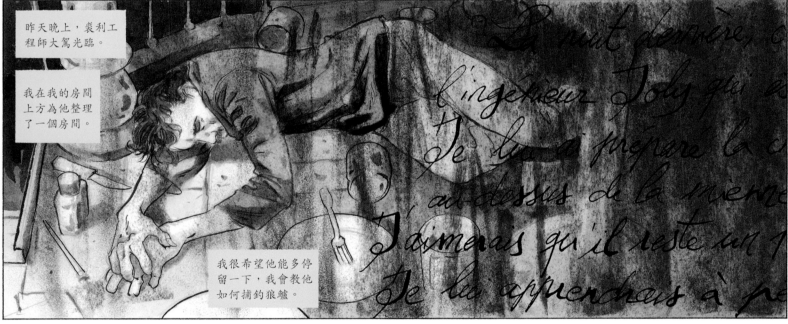

昨天晚上，裘利工程師大駕光臨。

我在我的房間上方為他整理了一個房間。

我很希望他能多停留一下，我會教他如何捕釣狼鱸。

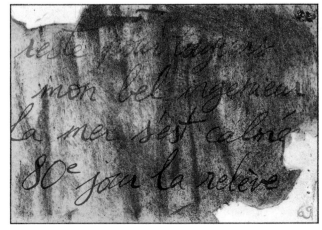

然後⋯⋯就什麼也沒有了。摩西的故事結束了。

應該是1923年的那場大火毀去了剩下的部分。

從桑島都能看到烈焰沖天。

起火點在廚房，當時燈塔看守員都在值班室。他們被迫在暴風雨中，緊抓著避雷針管線。

然後從燈塔平臺上避開熊熊火舌，一步一步攀爬到燈塔頂端。

燈塔活生生地成為地獄中的地獄！

我認識其中一位燈塔看守人⋯⋯

是因為他，你才渴望住在燈塔上嗎？

老天爺，不是！

燈塔？簡直就是個監獄，充滿泥土跟乾草的怪味。大海抓狂時反倒沒啥好擔心的。

住在上面能幹麼？整天轉圈圈嗎？晚上超級無聊？

等著瞧吧。

很久以前，我夢想與茉麗葉遠赴他鄉。但造化弄人。

1940年6月，國軍從德國鬼子面前逃跑。

布列斯特的燃油槽燃起熊熊烈火。

我與茉麗葉正在熱戀，並已論及婚嫁。

6月18日，我與其他潰不成軍的士兵搭乘逃亡的拖船抵達了桑島。從敵人陣前開溜令我羞愧，卻又狂喜能與茉麗葉重逢。

晚上人們都在船塢議論著一位將軍的號召，他要我們持續抗戰，即使貝當元帥已經宣告戰爭終止。

亢奮的氣息在整個島上迅速蔓延。

搭乘郵船天頂號來的軍人們決定前往倫敦加入反抗軍行列。

我猶豫不決。

6月22日，阿曼燈塔的看守人告訴我們，戴高樂將軍當天晚上會再度廣播號召。這一次，我們所有人都圍著瑪努太太的收音機專心聽著。

我懇請所有渴望自由的法國人加入我的行列！法國並非孤軍奮戰，法國並不孤單，法國並非孤立無援……

他懂得運用煽動字眼來說服島民。

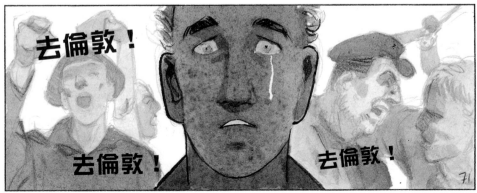

去倫敦！

去倫敦！

去倫敦！

6月24日，我登上了薇麗達號，其他人則隨後幾天陸續搭乘珍貴大海號、海洋烏鴉號、瑪麗絲史黛拉號以及和平皇后號。總共有168人前往倫敦。

茉麗葉在我懷中淚崩的時候，我知道她愛我甚於一切。我非常不想離開，然而我也很清楚，如果我留下來，她從此不會再愛我。

我義無反顧投身冒險之中。太遲了，我已經被捲入歷史洪流。

我們在倫敦的奧林匹亞中心接受戴高樂將軍閱兵。550人當中，有128人來自桑島。

所以桑島占法國的四分之一嗎？

長達四年的時間，我在地面與大海之間戰鬥。

時刻想回家，想回到我的島嶼，想擁吻親愛的朱麗葉。

我回歸故里時，桑島燈塔被轟炸過，德國鬼子也走了。

茱麗葉也是。

島上的日子變得平淡，枯燥乏味。

令人難以忍受。

欸，你一定要在情況最糟的時候才願意跟我分享這些嗎？

都陳年往事
了……

有很長一段時間，我盼她回心轉
意，不停夢想我們共同的未來，
想像我們將來的孩子。我一遍又
一遍地回想我們甜蜜的過去……

這些幽靈陪我度過
漫漫長夜。

幽靈啊，傑曼，
我們的幽靈。

爸爸！

傑曼，桅杆會把我們的船弄沉！

傑曼！

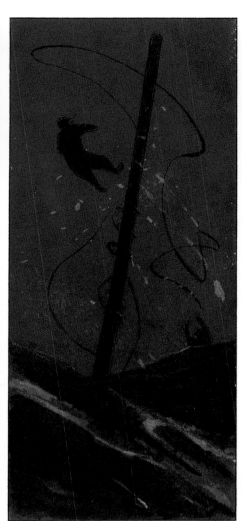

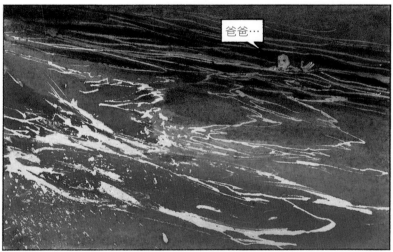

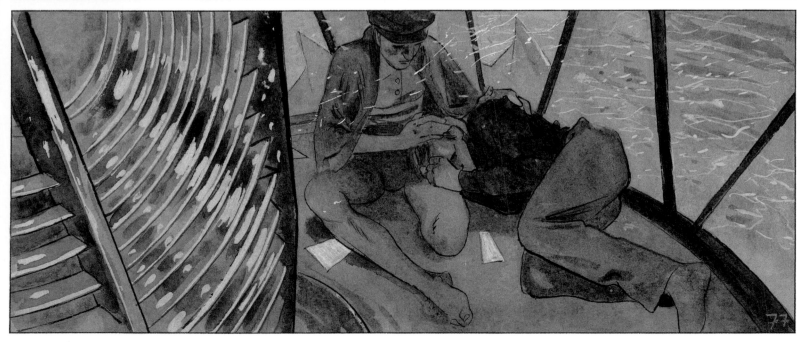

有一天，在落日餘暉中，我看到阿曼燈塔像根陰鬱的史前巨柱，悠然矗立於海上。

我來這裡，只為了不再哭泣。

我瞬間了解，那裡就是我浴火重生之地。

白天我幹活，

但晚上，我沉入夢魘之中，應該說，回歸現實之中。

我曾是生命的逃兵，窮途末路。終究，我沒有選擇，只能回頭迎戰。

我回到桑島上的看守人之家：「大君主」。

沒人在等我。

阿曼燈塔，那裡才是我的歸屬。

書寫不再能療癒我。

我沒能挽救女兒的性命，不過我相信我仍能拯救其他人。

1964年，路易在釣魚的時候被浪捲走。然而那一天根本沒有什麼大浪……

1976年，伯赫倫油船在暗礁上擱淺，將依魯瓦茲海域布滿黏膩噁心的燃油。

這裡一夕間變了調，海洋的珍寶全毀了。

成群烏鴉密布島上。

所有我喜愛的事物都死了。

1980年，一股抗爭的旋風席捲海岬。

所有居民挺身抗議在普洛哥蓋核電廠。反抗的思維持續在這些處境艱難的土地上發出怒吼。

燈塔也逃離不了這些喧囂紛爭。

我的生命猶如燈塔的三道白光。

我轉身離開了阿曼燈塔，直視前方，朝向未知。

水手總是夢想著大海，而燈塔看守人希望面向陸地。

1990年4月10日

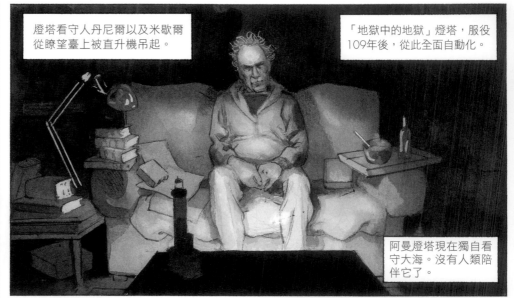

燈塔看守人丹尼爾以及米歇爾從瞭望臺上被直升機吊起。

「地獄中的地獄」燈塔，服役109年後，從此全面自動化。

阿曼燈塔現在獨自看守大海。沒有人類陪伴它了。

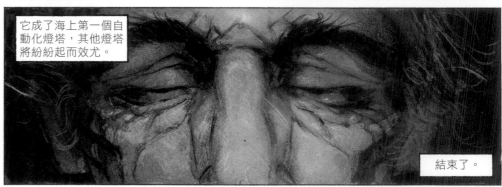

它成了海上第一個自動化燈塔，其他燈塔將紛紛起而效尤。

結束了。

爸爸？

我來了，我的人魚公主。

我們再也不會分開了。

後記

2015年6月2日

在最後兩位看守人的陪同
下，我們拜訪阿曼燈塔。

85

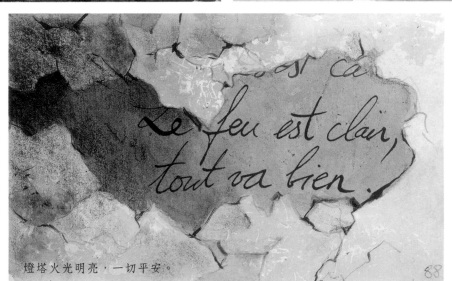

燈塔火光明亮，一切平安。

Emmanuel Lepage _17

致 謝

本書能籌畫問世，仰賴了許多朋友溫暖而充滿默契的協助，請容我在此一一致謝：

Herlé Jouon Thiébot與Sébastien Thiébot，引領我進入燈塔研究的領域，尤其是阿曼燈塔。也介紹我參與Grand Angle製片公司為Thalassa節目拍攝的影片《Les Gardiens de nos côtes》（暫譯：我們海岸的看守人）；

Claude Gendrot與Sébastien Gnaedig，他們知道如何說服我進行並完成這本書；

多虧了Yvon Le Men，本書的故事才有了雛形；

感謝Mehdi Ouahab中肯的建議與過人的見解；

Virginie Ollagnier，守口如瓶又謹慎細心的校閱人；

Dominique Fajnzang，始終嚴格督促；

Stevan Roudaut，堅守崗位，即使處於暴風雨中也屹立不搖，風雨生信心；

Jean-Yves Lebrun，熱情洋溢的男人，若沒有他提供的珍貴資料，本書內容將會是霧裡看花；

Daniel Treanton，阿曼燈塔最後一任看守人，萬分感謝他的建議與回憶；

Ambroise Menou，是桑島上的活歷史；

Aurélie Tièche，助了摩西一臂之力；

Christian Rossi，感謝其友情相助；

René Follet，感謝以同行眼光批評指教；

Thierry，感謝他在桑島上自然不造作又溫暖的接待。

另外，也要感謝Annette Pautrel、Julien與Marjorie Lambert-Cauwel、Georges Thomas、Sophie Michel、Marion Lièvre、Céline Roumet、Sylvain Debretagne、Jean-Michel Bergougniou與Stephan Bremond，他的支持與協助使本書得以順利完成。

我也要向以下這些在拍攝紀錄片途中邂逅的人拋個媚眼以示感激：Serge Coatmeur、Bernard «Rubi» Rubinstein、Michel Le Ru、Jean Guichard、Yves-Marie Blanchard、skellig與l'armorique全體工作人員以及坎佩爾民事防護直升機組員。

這本漫畫主要取材自兩本傑出的書籍：Jean-Pierre Abraham的《Armen》（Le Tout sur le Tout出版）；Henri Queffélec的《Un feu s'allume sur la mer》（暫譯：點燃海上之燈火，Presses de la Cite出版）。最後我當然不會忘記Louis Cozan的《Un feu sur la mer》（暫譯：海上之燈火）對我也有極為珍貴的啟發。

由Jean Pradinas所執導的《les Coulisses de l'exploit》（暫譯：英勇功勳的幕後）系列短片，當中的「Ar-men」一集，精美而動人，也讓這本漫畫受益匪淺。

最後，怎麼可以不感謝同樣來自漫畫界而且不可或缺的參考來源：Bruno Le Floc的《Trois Éclats blancs》（暫譯：三道白光），閱後令人難以忘懷，並在我執筆成書的過程中與我常相左右。

E. L.

Ar-men

地獄中的地獄：照亮布列塔尼死亡海域，阿曼燈塔的故事

原文書名	Ar-men：L'Enfer des Enfers
作　　者	艾曼紐‧勒帕吉（Emmanuel Lepage）
譯　　者	謝珮琪

總 編 輯	王秀婷
責任編輯	李　華
版　　權	張成慧
行銷業務	黃明雪

發 行 人	涂玉雲
出　　版	積木文化
	104台北市民生東路二段141號5樓
	電話：(02) 2500-7696｜傳真：(02) 2500-1953
	官方部落格：www.cubepress.com.tw
	讀者服務信箱：service_cube@hmg.com.tw
發　　行	英屬蓋曼群島商家庭傳媒股份有限公司城邦分公司
	台北市民生東路二段141號11樓
	讀者服務專線：(02)25007718-9｜24小時傳真專線：(02)25001990-1
	服務時間：週一至週五09:30-12:00、13:30-17:00
	郵撥：19863813｜戶名：書虫股份有限公司
	網站：城邦讀書花園｜網址：www.cite.com.tw
香港發行所	城邦（香港）出版集團有限公司
	香港灣仔駱克道193號東超商業中心1樓
	電話：+852-25086231｜傳真：+852-25789337
	電子信箱：hkcite@biznetvigator.com
馬新發行所	城邦（馬新）出版集團 Cite（M）Sdn Bhd
	41, Jalan Radin Anum, Bandar Baru Sri Petaling, 57000 Kuala Lumpur, Malaysia.
	電話：(603) 90578822｜傳真：(603) 90576622
	電子信箱：cite@cite.com.my

© Futuropolis, 2017

製版印刷　上晴彩色印刷製版有限公司

城邦讀書花園
www.cite.com.tw

2020年 1 月 30 日 初版一刷
售　價／NT$ 550
ISBN　978-986-459-217-3

Printed in Taiwan.

有著作權‧不可侵害

Cet ouvrage, publié dans le cadre du Programme d'aide à la Publication de l'Institut 《Hu Pinching》,
bénéficié du soutien du Bureau Français de Taipei. 本書獲法國在台協會《胡品清出版補助計畫》支持出版。